BOEKANALYSE

AF142063

De vliegeraar

· · · · · · · · · · · · · · · · · · ·

KHALED HOSSEINI

BOEKANALYSE

Geschreven door Perrine Beaufils
Vertaald door Nikki Claes

De vliegeraar

KHALED HOSSEINI

KHALED HOSSEINI

IN AFGHANISTAN GEBOREN AMERIKAANSE SCHRIJVER

- **Geboren in Kabul (Afghanistan) in 1965**
- **Opmerkelijke werken:**
  - *The Kite Runner* (2003), roman
  - *A Thousand Splendid Suns* (2007), roman

Khaled Hosseini is een in Afghanistan geboren Amerikaanse schrijver, geboren in Kabul in 1965. Als zoon van een diplomaat en een lerares verliet hij Afghanistan toen hij nog heel jong was en volgde hij zijn vader bij diens verschillende opdrachten. Het gezin woonde vervolgens in Parijs, alvorens asiel aan te vragen in de Verenigde Staten, omdat hij liever niet naar huis terugkeerde zolang het land onder Russische controle stond.

Na zijn baccalaureaat behaalde Khaled Hosseini een graad in de biologie en een doctoraat in de geneeskunde. Sindsdien oefent hij zijn beroep uit als arts en schrijft hij romans. Zijn eerste boek, *The Kite Runner* (2003), oogstte veel succes, evenals zijn tweede, *A Thousand Splendid Suns* (2007).

DE VLIEGERAAR

HET VERHAAL VAN AFGHANISTAN VANUIT HET PERSPECTIEF VAN EEN KIND

- **Genre:** roman

- **Referentie uitgave:** Hosseini, K. (2004) *The Kite Runner*. New York: Riverhead.

- **Eerste uitgave:** 2003

- **Thema's:** herinneringen, racisme, lafheid, schuld, vergeving

The Kite Runner, een roman die in 2003 in de Verenigde Staten verscheen, vertelt Amir's verkenning van zijn jeugdherinneringen, toen hij nog in zijn land, Afghanistan, woonde, dat hij met zijn vader moest verlaten om aan de Russische ontsnappen. Hij laat zijn wereld, zijn herinneringen en zijn fouten achter. Ze komen echter allemaal terug om hem te achtervolgen en hij zal een manier vinden om ze in te lossen.

Deze roman, die een groot succes werd, toont ons de geschiedenis van Afghanistan in de jaren zeventig, met de Russische bezetting en het Taliban-regime, gezien door de ogen van een kind.

SAMENVATTING

ALS TWEE BROERS

Amir is een Afghaanse jongen van ongeveer tien jaar oud. Hij woont alleen met zijn vader, Baba, die een van de rijkste kooplieden in Kaboel is. Ondanks de onvoorwaardelijke liefde die hij voor Baba koestert, is hun relatie gecompliceerd. Amir is namelijk het complete tegendeel van zijn vader: hij is nogal iel, slecht in sport, vooral geïnteresseerd in lezen en laat zich door andere kinderen uitschelden. Lijdend onder deze situatie zoekt hij regelmatig zijn toevlucht bij Rahim, Baba's zakenpartner. Rahim begrijpt wat vader en zoon scheidt en probeert de jongen te troosten. Hij is ook de enige die gelooft in Amirs schrijftalent.

Amir brengt zijn dagen door in gezelschap van Hassan, de zoon van hun bediende Ali, die tot de Hazara's behoort. Dit volk is jarenlang door de Pashtuns vervolgd en sindsdien zijn Hassan en zijn vader gedwongen als bedienden te werken. De twee kinderen missen allebei hetzelfde: ze hebben geen van beide hun moeder gekend. Amirs moeder stierf tijdens de bevalling, Hassans vluchtte kort na zijn geboorte. Ze hadden allebei dezelfde voedster en hebben altijd bij elkaar in de buurt gewoond. Daarom zijn de banden tussen hen sterk. Maar daar houden de overeenkomsten niet op: ze zijn in feite halfbroers, wat Amir pas als volwassene ontdekt.

Op een avond in juli 1973, nadat de koning is omvergeworpen, breken bijna overal in Kaboel schietpartijen uit, die voor

Amir "het begin van het einde" betekenen. De volgende dag spelen Amir en Hassan in een braakliggend terrein en ontmoeten andere jongens van hun leeftijd die ze goed kennen. Onder hen is Assef, een gewelddadige en racistische jongen die Hitler aanbidt. Hij haat de Hazara's en wil dat zijn land alleen door Pashtuns wordt bevolkt. Als hij Amir wil slaan als straf voor zijn vriendschap met Hassan, pakt deze laatste zijn katapult en bedreigt hem. In paniek verlaat Assef de scène en belooft deze belediging te wreken.

VLIEGERGEVECHTEN

Elke winter vinden de traditionele vliegergevechten plaats: elk kind wapent zich met een vlieger en moet proberen het koord van zijn concurrenten door te snijden met de glasscherven die aan zijn eigen vlieger zijn bevestigd. Het laatst overgebleven kind wordt tot winnaar uitgeroepen en om zijn overwinning te bevestigen, moet elke geëlimineerde vlieger door de winnaar worden opgehaald. Amir en Hassan zijn bijzonder bedreven in dit spel: Amir hanteert de vlieger terwijl Hassan zoekt naar de gevallenen. Dit jaar wil Amir vooral de winnaar van het toernooi worden om dichter bij zijn vader te zijn en hem trots te maken.

De jongen weet de verschillende duels te winnen en terwijl hij zijn uitrusting organiseert, gaat Hassan op zoek naar de laatst geslagen vlieger. Na een tijdje merkt Amir dat zijn vriend al lang weg is en gaat hem zoeken. Hij vindt Hassan in een hinderlaag van Assef en zijn vrienden. Assef beveelt Hassan hem de vlieger te geven en als hij weigert, besluit hij hem een lesje te leren en verkracht hij hem. Versteend en zonder het lef om in te grijpen, kijkt Amir verscholen achter een hek naar het tafereel, voordat hij met afschuw vlucht voor wat hij zojuist heeft gezien en voor zijn eigen lafheid.

Deze gebeurtenis markeert het einde van hun vriendschap. Vervolgens praten de twee jongens nauwelijks meer met elkaar. Amir kan de aanblik van Hassan, die hem herinnert aan zijn lafheid, niet verdragen. Daarom besluit hij Ali en zijn zoon uit de weg te ruimen door hen van diefstal te beschuldigen. Hij krijgt zijn zin en ondanks de wanhoop van Baba verlaten de twee Hazara's hun leven.

VERLOSSING VAN ZONDEN

In maart 1981 ontvlucht Amir met zijn Afghanistan om aan de Russische bezetting te ontsnappen. Ze bereiken de Verenigde Staten en vestigen zich in Californië. Daar werkt zijn vader als pompbediende, wat hun levensstijl volledig verandert. Ondertussen studeert Amir verder en begint hij aan de universiteit waar hij schrijftechnieken bestudeert om schrijver te worden, tot verdriet van zijn vader die liever had gezien dat hij advocaat of arts was geworden. In 1989 publiceert hij zijn eerste roman.

Op een dag ontmoet hij Soraya Taheri, de dochter van de Afghaanse generaal. Hij wordt onmiddellijk verliefd, doet haar een aanzoek en trouwt met haar. Toch blijft er een schaduw hangen: ze kunnen geen kinderen krijgen. Amir gelooft dat dit een straf is voor de lafheid, die hij als kind heeft getoond. Maar op een dag in juni 2001 gaat de telefoon: het is Rahim, de vroegere zakenpartner van zijn vader, die hem vertelt dat "er een manier is om [zichzelf] te verlossen".

Rahim heeft namelijk een missie voor hem waarbij hij de zoon van zijn oude vriend Hassan moet redden en opvoeden.

Amir stemt ermee in hem te bezoeken in Pakistan. Rahim overhandigt hem dan een brief van Hassan, waarin hij Amir vertelt over zijn leven: hij vertelt dat hij getrouwd is, een zoon heeft en dat hij hoopt Amir ooit weer te zien, aan wie hij zijn eeuwige toewijding geeft. Rahim vertelt hem echter niet het volgende deel van het verhaal: Hassan en zijn vrouw zijn vermoord door de Taliban, waardoor hun zoon, Sohrab, wees is geworden. Het is om hem uit het weeshuis te redden dat Rahim Amir heeft gevraagd te komen. Hij leert Amir ook dat Hassan eigenlijk Baba's zoon was, nadat hij een korte affaire had gehad met de vrouw van zijn bediende.

Amir accepteert de missie. Hij ziet het als een kans om zichzelf te verlossen en het kwaad dat hij zijn vriend ooit heeft aangedaan uit te wissen. Hij vertrekt dus naar Kaboel en ontdekt in het weeshuis dat de jonge Sohrab enkele weken geleden door een Taliban is meegenomen. Wanneer Amir hem vindt, ontdekt hij met verbazing dat de Taliban die hem meenam Assef was. De twee mannen vechten en Amir slaagt erin weg te komen met het kind.

Ze keren beiden terug naar de Verenigde Staten, waar Soraya verheugd is de neef van haar man te verwelkomen. Maar de weg zal lang zijn voor Sohrab die, getekend door zijn ervaringen, zich terugtrekt in een diepe stilte en vrijwel elke poging tot communicatie weigert. Amir laat zich niet ontmoedigen en stelt alles in het werk om de zoon van zijn vriend een comfortabel en geruststellend leven te bieden.

KARAKTERSTUDIE

AMIR

Amir is een jongen van tien jaar aan het begin van het verhaal. Moederloos leeft hij in een uitsluitend mannelijk universum, omringd door zijn vader, Baba, Ali, de bediende, en Hassan, de zoon van Ali, die een jaar jonger is dan hij en zijn speelkameraadje. Amir houdt onvoorwaardelijk van zijn vader, maar toch is hun relatie moeilijk. Baba zou namelijk willen dat zijn zoon sportiever en dynamischer was, terwijl Amir angstig, timide en stil is en van lezen houdt.

Met Hassan, met wie hij veel tijd doorbrengt, verandert het karakter van Amir volledig: hij wordt autoritair en cynisch, soms grenzend aan slechtheid, en is wanhopig om de loyaliteit van zijn vriend op de proef te stellen. Het is zijn lafheid tegenover andere kinderen die zijn wereld vernietigt, want hij durft niet te reageren op de agressie van Hassan. Uit lafheid loopt hij liever weg en doet alsof hij niet weet wat er is gebeurd. Hij verdrijft Hassan en zijn vader liever onder een vals voorwendsel dan dat hij elke dag zijn vriend ziet, wiens gezicht hem herinnert aan zijn eigen lafheid.

Later durft Amir zich eindelijk te verzetten tegen zijn vader als het gaat om de keuze van zijn studierichting: hij wil schrijver worden, geen dokter of advocaat. Maar het is het telefoontje van Rahim en zijn terugkeer naar huis dat hem echt verandert. Zijn houding tijdens de verkrachting van Hassan weegt al tientallen jaren op zijn geweten en eindelijk heeft hij een kans, niet om zichzelf te verlossen – want de schade is al aangericht en niet meer te herstellen – maar om zijn angsten opzij te zetten en zich altruïstisch op te stellen. De daad is vooral belangrijk omdat het de zoon van Hassan betreft.

Amir is geen conventionele held, want hij is een laf en egoïstisch personage. Hij vertegenwoordigt echter onze eigen angsten en laat de lezer zich afvragen: "Wat zou ik gedaan hebben in zijn situatie? Zou ik hebben ingegrepen om mijn vriend te redden, met gevaar voor eigen leven, of zou ik er ook voor hebben gekozen om weg te lopen?"

BABA

"Mijn vader was een natuurkracht, een torenhoog Pashtun-exemplaar met een dikke baard, een eigenzinnige bos krullend bruin haar zo weerbarstig als de man zelf, handen die in staat leken een wilgenboom te ontwortelen en een zwarte blik die 'de duivel op zijn knieën zou laten vallen, smekend om genade'" (hoofdstuk 3), legt Amir uit.

Als weduwnaar is hij nooit hertrouwd, hoewel we aan het eind van de roman vernemen dat hij een korte affaire had met de vrouw van Ali en dat Hassan zijn zoon is. Als rijke koopman bezit hij twee apotheken, een restaurant en exporteert hij tapijten. Hij kan zijn zoon een leven zonder gebrek geven, maar hij lijkt niet in staat hem genegenheid te bieden. Baba begrijpt Amir niet, hij deelt zijn interesses niet en het stoort hem dat Amir zo onzeker is over zichzelf. Terwijl hij in Afghanistan overheersend is, bevindt hij zich in een minderwaardige positie wanneer hij naar de Verenigde Staten verhuist: hij voelt zich niet meer thuis, is zijn oriëntatie kwijt en Amir neemt dan de leiding.

HASSAN

Hassan is officieel de zoon van Ali, de knecht van het huis. Omdat hij tot de Hazara-stam behoort, is hij door zijn geboorte veroordeeld tot dienstbaarheid en ongeschoold- heid. Toch is hij levendig en intelligent, en houdt hij onvoor- waardelijk van Amir. Hij deelt al zijn spelletjes en is bereid zich voor hem op te offeren, aangezien hij degene is die Assef tijdens hun eerste woordenwisseling in verwarring brengt, een houding die zijn lot zal bepalen aangezien Assef later wraak zal nemen. Hij weet dat Amir aanwezig was bij zijn ver- krachting en dat zijn vriend loog over hun vermeende diefstal om zich van hem te ontdoen, maar hij geeft niets prijs: zijn toewijding is grenzeloos.

Voor zijn dood laat hij een brief achter voor Amir waarin hij hem verzekert van zijn trouw. Verre van een karakterloze jon- gen te zijn, blijkt Hassan dus zowel genereus als trouw.

ANALYSE

DE VADERFIGUUR

De vliegeraar is een bijna uitsluitend mannelijke roman. Vrouwen komen inderdaad niet vaak voor, met uitzondering van Soraya en haar moeder in het tweede deel van het boek. Het beeld van de mannen, met name van de vader, is dus belangrijk.

In de roman zien we verschillende soorten vaders: de aanbeden maar afstandelijke vader in de persoon van Baba; de ideale vader in het personage van Rahim; de discrete vader die alles zou doen voor zijn zoon, zoals Ali; en tenslotte de man die vader wil worden maar dat niet kan.

• Baba is de enige ouder die Amir kent sinds de dood van zijn moeder tijdens de bevalling. Toch hebben zij beiden een moeilijke relatie. Amir spreekt als volgt over hem: "Baba en ik woonden in hetzelfde huis, maar in verschillende sferen van bestaan" (hoofdstuk 6). Deze twee mensen begrijpen elkaar niet: Amir is ervan overtuigd dat zijn vader het hem kwalijk neemt dat hij zijn moeder heeft "vermoord", en Baba staat niet achter het bescheiden en timide karakter van zijn zoon. Zijn lichamelijke zwakte lijkt hem een gebrek en hij vindt Amirs herhaalde ziektes in de auto onverdraaglijk. Amir zegt echter: "Ik aanbad Baba met een intensiteit die het religieuze benaderde" (hoofdstuk 4). De enige keer dat de twee zich verenigen is in Amir's overwinning in het vliegertoernooi. Maar daar hangt een prijskaartje aan, want Amir heeft Hassan hiervoor moeten opofferen. Hassan is in feite Baba's geheime zoon, die we, net als Amir, aan het eind van de roman te weten komen. We beseffen eindelijk waarom Baba Hassan altijd als zijn eigen zoon heeft behandeld, wat Amir soms verbaasde.

- Ali, Hassans officiële vader, is discreet, maar rechtvaardig en toegewijd aan zijn zoon. Hij neemt niet deel aan de activiteiten van Hassan. Hij aarzelt echter niet om Hassan te steunen wanneer hij door Amir van diefstal wordt beschuldigd.

- Rahim is de vriend en zakenpartner van Baba, en de enige volwassen man die aandacht heeft voor Amir, die in hem en zijn kwaliteiten gelooft. In die zin is hij de ideale vaderfiguur. Wanneer de relatie tussen Baba en Amir te stroef verloopt, gaat Amir ook wensen dat Rahim zijn vader was. Het is Rahim die Amir voor het eerst aanmoedigt in zijn schrijfprojecten, hem ook herinnert aan zijn plichten en hem vraagt zijn zonden in te lossen door terug te keren naar Afghanistan om Sohrab te redden.

- Amir, als volwassene, wil op zijn beurt meer dan wat dan ook vader worden en toch kan hij in zijn huwelijk met Soraya geen kinderen krijgen: "Misschien had iemand, ergens, besloten mij het vaderschap te ontzeggen voor de dingen die ik had gedaan. Misschien was dit mijn straf, en misschien wel terecht" (Hoofdstuk 13). Later, bij het ophalen van Sohrab, moet hij werken om zijn vertrouwen te winnen. Amir moet leren vader te zijn en toe te geven aan de onwil van zijn kind om het proces niet te overhaasten.

THEMA SCHULDGEVOEL

Schuldgevoel is een gevoel dat iemand ertoe brengt zichzelf verantwoordelijk te achten voor een gebeurtenis. Amir voelt dit gedurende de hele roman, om verschillende redenen:

- Hij voelt zich schuldig aan de dood van zijn moeder. Aangezien zij stierf bij zijn geboorte, denkt hij dat hij verantwoordelijk is, hoewel hij dat natuurlijk niet is;

- Daarna voelt hij zich schuldig voor de aanval op Hassan, en dit is een herinnering die hij de rest van zijn leven bij zich zal dragen. Amir woonde de scène bij, hij had kunnen ingrijpen om zijn vriend te verdedigen, maar hij wilde alleen maar de vlieger naar zijn vader brengen en eindelijk trots in diens ogen zien. Daarom vlucht hij liever. Maar het schuldgevoel over zijn eigen lafheid wordt al snel onverdraaglijk. Alleen al de aanblik van Hassan doet hem denken aan zijn lafheid en zwakte. Alleen zijn vertrek naar de Verenigde Staten, waardoor hij weg kan van de plaats van zijn fout, verlicht hem: "Voor mij was Amerika een plaats om mijn herinneringen te begraven" (Hoofdstuk 11).

Ook Baba is ten prooi aan schuldgevoelens, ook al ontdekken we dat aan het eind van de roman, wanneer de waarheid over Hassans aan Amir wordt onthuld. Baba is zijn echte vader. Hij voelt zich schuldig omdat hij niet voor hem kan zorgen zoals voor Amir. Daarom grijpt hij elke gelegenheid aan om te proberen zijn fout goed te maken door geschenken, zoals de cosmetische operatie om de gespleten lip van het kind te genezen die hij Hassan voor zijn verjaardag geeft.

Schuldgevoel is een van de belangrijkste thema's in de roman. De auteur laat ons zien hoe de personages er al dan niet in slagen met dit gevoel te leven. Gedurende zijn hele leven heeft Baba het goed willen maken, terwijl Amir een groot deel van zijn bestaan zijn gevoelens liever uit de weg ging voordat hij ze uiteindelijk uitte. Vanaf dat moment neemt hij zijn verantwoordelijkheid en probeert hij zoveel mogelijk zijn fouten te herstellen.

COMING-OF-AGE VERHAAL

Het genre van het coming-of-age verhaal, ook wel opvoedingsroman genoemd, ontstond in Duitsland in de achttiende eeuw onder de naam Bildungsroman. Het vertelt de weg en de evolutie van een held, die aan het begin van het werk jong en onervaren is. Zo zien we hem rijpen, evolueren, zijn moed op de proef stellen en een eigen kijk op het leven vormen. In dit type structuur moet het personage verschillende gebeurtenissen onder ogen zien die hem uiteindelijk verschaffen. Het coming-of-age verhaal beschrijft dus de rijping van de held.

Amir volgt een weg die hem tot de held van een coming-of-age verhaal maakt. Zijn jeugd was goud, beschermd tegen de wisselvalligheden van het leven, en hij wordt geleid door een zekere moraal. Ali, die spreekt over de twee kinderen die door dezelfde voedster zijn opgevoed, zegt dat "er een broederschap bestond tussen mensen die zich aan dezelfde borst hadden gevoed, een verwantschap die zelfs de tijd niet kon verbreken" (hoofdstuk 2). Maar Amir beseft al snel dat hij in een wereld van ongelijkheid leeft: hij is een Pasjtoen en woont in een prachtig huis, terwijl zijn vriend Hassan en zijn vader, die bijna deel uitmaken van de familie, in een armzalig hutje in de tuin wonen, alleen omdat ze Hazaras zijn. Dit gevoel wordt versterkt door de woorden van Assef, die de Hazara's haat en beweert dat Afghanistan aan de Pashtuns toebehoort.

Later, wanneer Hassan wordt aangevallen, beseft Amir dat deze daad ongestraft kan blijven omdat hij is gepleegd door een Pashtun tegen een Hazara. En toch kan de jongen het niet opbrengen dit noodlot te accepteren, ondanks zijn eigen lafheid die de misdaad mogelijk maakte. Amir voelt door dit drama plotseling dat het leven niet is zoals hij het zich eerder had voorgesteld. Levend in een bevoorrechte wereld kende hij noch ondeugd. Hij ontdekt plotseling iets dat een onuitwisbaar spoor achterlaat. Na eerst geprobeerd te hebben aan zijn verantwoordelijkheden te ontsnappen, wordt Amir pas echt een man nadat hij de realiteit onder ogen heeft gezien, dat wil zeggen nadat hij zijn daden tegen zijn vroegere vriend heeft door zijn zoon op te voeden.

De opvoeding van Amir hangt ook af van het geografische gebied. Zolang hij in Afghanistan is, blijft hij onder controle van zijn vader, die al zijn beslissingen voor hem neemt. De zaken veranderen echter volledig wanneer ze vertrekken om zich in Californië te vestigen. Daar verliest Baba zijn houvast, waardoor Amir de zijne krijgt. In zijn eigen land was Baba een sterke man, de beslisser: hier is het Amir die de beslissingen neemt en de drijvende kracht achter zijn eigen leven wordt. Uiteindelijk slaagt hij erin zichzelf op te bouwen en te ontsnappen aan het juk van zijn vader (ook al wilde die alleen maar het beste voor zijn zoon).

Amir maakt zijn reis echt af tijdens zijn terugkeer naar huis om Sohrab te redden. De cirkel is dan rond. Amir wordt volwassen door de beslissingen die hij moet nemen om in vrede met zichzelf te kunnen blijven leven: nadat hij niets heeft gedaan om Hassan te redden, moet hij nu in actie komen om de zoon van zijn oude vriend te redden.

EEN BEELD VAN AFGHANISTAN

Doorheen de roman verschaft de auteur ons informatie over Afghanistan, waar jarenlang een bijzonder onstabiel politiek regime heerste.

Afghanistan, een Centraal-Aziatisch land, vroeger een hotspot op de Zijderoute, ging vanaf 1919 gebukt onder een diepe politieke onbalans. De roman gaat echter niet zo ver terug in de tijd en begint in de jaren zeventig, tijdens het bewind van Mohammed Zaher Chah. Het land was welvarend tot de nacht van 17 op juli 1973, toen de koning werd omvergeworpen door Mohammed Daoud Khan en de republiek werd uitgeroepen. "Afghanistan veranderde voorgoed" (hoofdstuk 4) zegt Amir over deze episode. Het is inderdaad vanaf dat moment dat Rusland zijn greep op het land versterkt en in 1978 zijn hoogtepunt bereikt met de omverwerping van Daoud in een staatsgreep gesteund door de Russen. Het is deze Russische bezetting die Amir en zijn vader ertoe brengt hun land te ontvluchten "Je kon niemand meer vertrouwen in Kaboel – tegen betaling of onder bedreiging, mensen vertelden elkaar, buurman op buurman, kind op ouder, broer op broer, knecht op meester, op vriend" (Hoofdstuk 10).

Wanneer Amir en Baba in Californië wonen, zijn het de Taliban die de macht overnemen in Afghanistan. Deze situatie heeft Baba altijd beangstigd, die tegen Amir zegt: "God helpe ons allen als Afghanistan ooit in hun handen valt" (hoofdstuk 3). De Taliban pleiten voor de islamisering van de samenleving, de moraal en het recht. Alleen de goddelijke wet doet er nog toe. Als Amir terugkeert naar Afghanistan, ziet hij met afschuw hoe zijn land en Kaboel, dat de littekens draagt van vele jaren oorlog, er aan toe zijn. In de stad trekken de Taliban voortdurend rond om de bevolking in de gaten te houden. Hij woont zelfs een steniging wegens overspel bij, tegen zijn voornemen in. Ook herkent hij de Talibanman die het vonnis uitvoert: het is niemand minder dan Assef, die ook Sohrab gevangen houdt. Zo volgt de lezer gedurende de hele roman de politieke evolutie van het land.

VERDERE REFLECTIE

ENKELE VRAGEN OM OVER NA TE DENKEN...

- Welk beeld van familie wordt in de roman voorgesteld?

- "Als er een God bestaat, dan hoop ik dat hij belangrijkere dingen te doen heeft dan mijn whisky drinken of varkensvlees eten." Wat bedoelt Baba hier? Ontwikkel je antwoord.

- Wat is het vrouwbeeld dat de personages Soraya en haar moeder uitdragen?

- Hoe wordt religie gepresenteerd in deze roman? Werk je antwoord uit.

- Met andere hedendaagse romans kan *The Kite Runner* vergeleken worden? Leg je antwoord uit.

- Het verhaal van de held Amir kan niet helemaal los worden gezien van dat van zijn land, Afghanistan. Leg uit hoe historische gebeurtenissen het lot van het personage beïnvloeden.

- Kunnen we *De vliegeraar* een historische roman noemen? Licht je antwoord toe aan de hand van de definitie van het genre en specifieke voorbeelden uit de roman.

VERDER LEZEN

REFERENTIE-UITGAVE

Hosseini, K. (2004) *The Kite Runner*. New York: Riverhead.

*We horen graag van jou! Laat
een reactie achter op jouw online bibliotheek
en deel je favoriete boeken op social media!*